एन.सी.ई.आर.टी.
द्वारा
तैयार की गई हिंदी
पाठ्यपुस्तक
वसंत भाग-3
पर आधारित

Active Learning

नई राष्ट्रीय शिक्षा नीति पर आधारित

# वसंत

## अभ्यास-पुस्तिका

8

लेखिका
चित्रा गुप्ता

लक्ष्मी पब्लिकेशंज़ (प्रा.) लिमिटेड
(An ISO 9001:2015 Company)

कोच्चि • कोलकाता • गुवाहाटी • चेन्नई
बेंगलुरु • राँची • लखनऊ • हैदराबाद
नई दिल्ली

**वसंत अभ्यास पुस्तिका - 8**



भारत में मुद्रित और जिल्दबंद
टाइपसैट : जे. आर. इंटरप्राइजिज, दिल्ली
नवीनतम संस्करण
ISBN: 978-93-5274-270-7



| | |
|---|---|
| ✆ कोच्चि | 0484-405 13 03 |
| ✆ कोलकाता | 033-40 04 77 79 |
| ✆ गुवाहाटी | 0361-254 36 69 |
| ✆ चेन्नई | 044-24 34 47 26 |
| ✆ बेंगलुरु | 080-26 75 69 30 |
| ✆ राँची | 0651-224 24 64 |
| ✆ लखनऊ | 0522-430 36 13 |
| ✆ हैदराबाद | 040-27 55 53 83 |

भारत में प्रकाशित, द्वारा–

**लक्ष्मी पब्लिकेशंज़ (प्रा०) लिमिटेड**
An ISO 9001:2015 Company
113, गोल्डन हाउस, गुरुद्वारा रोड, दरियागंज,
नई दिल्ली-110002, इंडिया
फोन : 91-11-4353 2500, 4353 2501
www.laxmipublications.com
info@laxmipublications.com

C—00633/024/011
Printer—Pasricha Art Printer, Delhi

# दो बातें

'**वसंत भाग–3 अभ्यास-पुस्तिका**' आठवीं कक्षा के लिए एन.सी.ई.आर.टी. द्वारा तैयार की गई हिंदी पाठ्यपुस्तक वसंत भाग–3 पर आधारित है जिसका मुख्य उद्देश्य पाठ्यपुस्तक में दिए गए मौखिक अभ्यासों को लिखित रूप में परिवर्तित कर विद्यार्थियों में सुनना, समझना, पढ़ना तथा लिखना आदि भाषिक कौशलों को विकसित करना है। साथ ही, यह अभ्यास-पुस्तिका विद्यार्थियों के शब्द-बोध व अर्थग्रहण संबंधी कौशलों को बढ़ाने तथा दृढ़ता प्रदान करने में बहुत ही सहायक सिद्ध होगी। यह उन सभी उद्देश्यों को भी बखूबी पूरा करती है जिन्हें ध्यान में रखकर वसंत भाग–3 तैयार की गई है। इस अभ्यास-पुस्तिका की निम्नलिखित विशेषताएँ हैं–

- शब्द-ज्ञान बढ़ाने में सहायक।
- लिंग, वचन, कारक, विलोम, पर्यायवाची आदि के माध्यम से शब्द-ज्ञान में बढ़ोतरी करना।
- कहानी, कविता आदि से संबंधित तर्कपूर्ण उत्तर सोचना।
- सृजनात्मक लेखन संबंधी अभ्यासों का भरपूर समावेश।
- पाठों से संबंधित सरल बोधात्मक प्रश्नों के उत्तर देना।

इस अभ्यास-पुस्तिका को और अधिक रोचक, ज्ञानवर्द्धक तथा आनंदकर बनाने हेतु आप सभी विद्वानों के उपयोगी सुझाव सादर आमंत्रित हैं।

**–लेखिका**

# विषय-सूची

# 1

# लाख की चूड़ियाँ

## शब्दार्थ

| शब्द | अर्थ |
|---|---|
| चाव | चाह |
| वृक्ष | पेड़ |
| मुँगरी | बेलन के आकार की लकड़ी जो आगे से कुछ पतली व पीछे से मोटी होती है और ठोकने-पीटने के काम आती है। |
| पैतृक | पूर्वजों का |
| पेशा | व्यवसाय |
| वस्तु-विनिमय | एक वस्तु के बदले दूसरी वस्तु प्राप्त करना |
| बहुधा | बहुत बार |
| विरले | बहुत कम मिलने वाला |
| सहसा | अचानक |
| निहारना | देखना |
| स्मृति | स्मरण, याद |
| मुखातिब | किसी की ओर मुँह करके बात करने वाला |

| | |
|---|---|
| फब | शोभा |
| व्यक्तित्व | व्यक्ति की विशेषता या गुण |

## कहानी से

**प्रश्न 1. नीचे दिए गए प्रश्नों के उत्तर दीजिए–**

**(क)** लेखक को सारे गाँव में बदलू ही क्यों सबसे अच्छा आदमी लगता था?

........................................................................................................................

........................................................................................................................

**(ख)** लेखक को अपने मामा के गाँव जाने का चाव क्यों था?

........................................................................................................................

........................................................................................................................

........................................................................................................................

**(ग)** बदलू अपना काम कहाँ करता था?

........................................................................................................................

........................................................................................................................

........................................................................................................................

**(घ)** बदलू लाख की चूड़ियाँ कैसे बनाता था?

........................................................................................................................

........................................................................................................................

........................................................................................................................

........................................................................................................................

........................................................................................................................

**(ङ)** बदलू प्रतिदिन लगभग कितनी जोड़ी चूड़ियाँ बना लेता था?

........................................................................................................................

........................................................................................................................

(च) बदलू से गाँव के लोग चूड़ियाँ क्या देकर ले जाते थे?

..........

..........

(छ) बदलू को किस बात से चिढ़ थी?

..........

..........

..........

(ज) लेखक एक लंबी अवधि तक अपने मामा के गाँव क्यों नहीं जा सका?

..........

..........

(झ) लेखक के पिता की बदली के बाद लेखक कितने वर्ष बाद मामा के गाँव गया?

..........

..........

(ञ) आठ-दस वर्षों के बाद मामा के गाँव जाने के बाद भी लेखक को बदलू का ध्यान क्यों नहीं आया?

..........

..........

..........

(ट) बदलू की किस बात से लेखक को उसके स्वाभिमानी होने पर गर्व हो आया?

..........

..........

..........

..........

..........

..........

..........

..........

**प्रश्न 2. नीचे दिए गए वाक्यों को पाठ के आधार पर पूरा कीजिए–**

(क) लेखक बदलू को बदलू मामा न कहकर .................... कहा करता था।

(ख) सारे गाँव में बदलू मुझे सबसे अच्छा .................... लगता था।

(ग) बदलू .................... के नीचे बैठकर अपना काम करता था।

(घ) चूड़ियाँ बनाना बदलू का .................... पेशा था।

(ङ) जीवनभर चाहे कोई उससे मुफ़्त चूड़ियाँ ले जाए परंतु .................... पर वह सारी कसर निकाल लेता था।

**प्रश्न 3. नीचे दिए गए प्रश्नों के उपयुक्त उत्तर पर (✓) का चिह्न लगाइए–**

(क) बदलू कहाँ का रहने वाला था?

(*i*) लेखक के मामा के गाँव का ☐

(*ii*) लेखक के घर के पास का ☐

(*iii*) लेखक के विद्यालय के पास का ☐

(*iv*) लेखक के पिता के गाँव के पास का ☐

(ख) लाख की चूड़ियाँ बनाने के लिए वह किसका प्रयोग करता था?

(*i*) चपटी मुँगरियों का ☐ (*ii*) गोल बाँस का ☐

(*iii*) बेलननुमा मुँगरियों का ☐ (*iv*) लकड़ी की कटोरियों का ☐

(ग) गाँव के लोग बदलू से चूड़ियाँ क्या देकर ले जाते थे?

(*i*) अनाज देकर ☐ (*ii*) फल देकर ☐

(*iii*) रुपए देकर ☐ (*iv*) कुछ भी देकर ☐

(घ) विवाह के जोड़े का मूल्य कितना था?

(*i*) पाँच हजार रुपए ☐

(*ii*) उसके वस्त्र व रुपए ☐

(*iii*) दो हजार रुपए ☐

(*iv*) बदलू की पत्नी के वस्त्र, ढेरों अनाज, उसकी पगड़ी, रुपए आदि। ☐

(ङ) रज्जो लेखक के लिए क्या लाई?

(*i*) अंजुली में भरकर आम ☐ (*ii*) दूध का लोटा ☐

(*iii*) पानी का गिलास ☐ (*iv*) चाय-नाश्ता ☐

**प्रश्न 4. नीचे दिए गए शब्दों का वाक्यों में प्रयोग कीजिए–**

(क) पैतृक (ख) पगड़ी (ग) चूड़ियाँ

.............................................................................................................

.............................................................................................................

.............................................................................................................

.............................................................................................................

.............................................................................................................

.............................................................................................................

## भाषा ज्ञान

**प्रश्न 5. नीचे दिए गए गद्यांश में उपयुक्त कारक चिह्नों को लिखिए–**

बदलू .......... मेरी दृष्टि देख ली और बोल पड़ा, यही आखिरी जोड़ा बनाया था। जमींदार साहब .......... बेटी .......... विवाह .......... दस आने पैसे मुझको दे रहे थे। मैंने जोड़ा नहीं दिया। कहा, शहर .......... ले आओ।

**नोट:** *कारक और उनके विभक्ति-चिह्न*

| | | |
|---|---|---|
| 1. कर्ता | – | ने |
| 2. कर्म | – | को |
| 3. करण | – | से, के द्वारा, के साथ, के कारण |
| 4. संप्रदान | – | के लिए, को, के निमित्त, के वास्ते |
| 5. अपादान | – | से |
| 6. अधिकरण | – | में, पर |
| 7. संबंध | – | का, के, की, रा, रे, री, ना, ने, नी |
| 8. संबोधन | – | अरे, रे, ओ, अरी, हे! |

**प्रश्न 6. नीचे दिए गए शब्दों के तत्सम रूप लिखिए–**

(क) गाँव – ..........................

(ख) पक्का – ..........................

(ग) आग – ..........................

(घ) काज – ..........................

(ङ) दूध – ..........................

**नोटः** **तत्सम शब्द**–*'तत्सम' शब्द 'तत् + सम' से बना है, जिसका अर्थ है–'उसके समान' अर्थात संस्कृत के समान। संस्कृत के वे शब्द जिनका प्रयोग हिंदी में ज्यों का त्यों होता है, तत्सम कहलाते हैं।*

**जैसे**–*दुग्ध, घृत, अग्नि आदि।*

**प्रश्न 7. नीचे दिए गए मुहावरों का अर्थ लिखिए–**

(क) मन मोह लेना – ..........................................................

(ख) अँगूठा दिखाना – ..........................................................

(ग) चार चाँद लगाना – ..........................................................

(घ) दिल बाग़-बाग़ होना – ..........................................................

(ङ) हाथ-पाँव मारना – ..........................................................

## कुछ करने को

**प्रश्न 8. मशीनी युग के लाभ एवं हानियों की सूची बनाइए और कक्षा में चर्चा कीजिए–**

..........................................................

..........................................................

..........................................................

..........................................................

..........................................................

..........................................................

..........................................................

..........................................................

..........................................................

..........................................................

..........................................................

..........................................................

# 2

# बस की यात्रा

## शब्दार्थ

| शब्द | अर्थ |
|---|---|
| हाज़िर | उपलब्ध |
| निमित्त | कारण |
| क्षीण | कमज़ोर |
| ग्लानि | मानसिक खेद |
| बियाबान | उजाड़ जगह, सुनसान स्थान |
| अंत्येष्टि | दाह-संस्कार |
| उत्सर्ग | न्योछावर करना |
| दुर्लभ | जिसको प्राप्त करना कठिन हो |
| प्रयाण | कहीं जाने के लिए यात्रा प्रारम्भ करना |
| इत्मीनान से | आराम से |

## व्यंग्य से

**प्रश्न 1. नीचे दिए गए प्रश्नों के उत्तर दीजिए–**

(क) लोगों ने यह सलाह क्यों दी कि समझदार आदमी शाम वाली बस से सफ़र नहीं करते?

(ख) लेखक के मन में बस को देखकर श्रद्धा क्यों उमड़ पड़ी?

(ग) लेखक ने क्यों कहा कि यह बस पूजा के योग्य है?

(घ) इंजन के स्टार्ट होने पर लेखक को ऐसा क्यों लगा कि सारी बस ही इंजन है?

(ङ) लेखक का यह कहना कहाँ तक उचित है कि यह बस गांधीजी के असहयोग और सविनय अवज्ञा आंदोलनों के वक्त अवश्य जवान रही होगी?

.....................................................................................................................

.....................................................................................................................

**(च)** चाँदनी वृक्षों की छाया में बस कैसी लग रही थी?

.....................................................................................................................

.....................................................................................................................

.....................................................................................................................

.....................................................................................................................

.....................................................................................................................

.....................................................................................................................

**(छ)** "इसे क्रांतिकारी आंदोलन का नेता होना चाहिए।"–ये शब्द किसने, किसके प्रति और क्यों कहे?

.....................................................................................................................

.....................................................................................................................

.....................................................................................................................

.....................................................................................................................

.....................................................................................................................

**(ज)** 'बस की यात्रा' पाठ से क्या संदेश मिलता है?

.....................................................................................................................

.....................................................................................................................

.....................................................................................................................

.....................................................................................................................

.....................................................................................................................

.....................................................................................................................

**प्रश्न 2. नीचे दिए गए शब्दों में से उपयुक्त शब्द चुनकर खाली स्थान भरिए।**

| |
|---|
| डाकिन, विश्वसनीय, निमित्त, बस, उत्सर्ग |

(क) बस ...................... है।

(ख) नयी-नवेली बसों से ज्यादा ...................... है।

(ग) आदमी को कूच करने के लिए एक ...................... चाहिए।

(घ) सविनय अवज्ञा आंदोलन के वक्त ...................... अवश्य जवान रही होगी।

(ङ) ...................... की ऐसी भावना दुर्लभ है।

**प्रश्न 3. नीचे दिए गए प्रश्नों के उपयुक्त उत्तर पर (✓) का चिह्न लगाइए–**

(क) बस पूजा के योग्य क्यों मानी जाने लगी थी?

(*i*) क्योंकि वह बहुत सजी-धजी हुई थीं। ☐

(*ii*) क्योंकि वह सफ़र के योग्य नहीं थीं। ☐

(*iii*) क्योंकि लोग उस पर अपार विश्वास करते थे। ☐

(*iv*) क्योंकि बस सरपट भाग सकती थीं। ☐

(ख) बस की सीटों के बारे में लेखक ने क्या कहा?

(*i*) बस की सीटें मजबूत थीं। ☐

(*ii*) बस की सीटें सुंदर थीं। ☐

(*iii*) बस की सीटें इतनी खराब थीं कि बस चलने पर यह समझ पाना कठिन था कि लोग सीटों पर बैठे हैं या सीटें लोगों पर। ☐

(*iv*) इनमें से कोई नहीं। ☐

(ग) पुलिया पर पहुँचते ही क्या हुआ?

(*i*) बस ठस्स हो गई। ☐

(*ii*) बस का टायर पंचर हो गया। ☐

(*iii*) बस पलट गई। ☐

(*iv*) बस बंद हो गई। ☐

(घ) कंपनी के हिस्सेदार के बारे में लेखक के मन में क्या भाव उठ रहे थे?

(*i*) यह आदमी महान है।

(*ii*) इसमें इस जर्जर बस को चलवाने का साहस है।

(*iii*) यह अपना और लोगों का बलिदान देने को भी तैयार है।

(*iv*) उपर्युक्त सभी।

(ङ) बस के हिस्सेदार को लेखक क्रांतिकारी का नाम क्यों देना चाहता था?

(*i*) उसे बस में बैठे लोगों की चिंता न थी।

(*ii*) जिस प्रकार क्रांतिकारी एक उद्देश्य को लेकर चलते हैं वैसे ही बस का हिस्सेदार भी किसी की परवाह किए बिना केवल बस को चलाने व लाभ कमाने के उद्देश्य से प्रेरित था।

(*iii*) वह अपने उद्देश्य के प्रति कटिबद्ध था।

(*iv*) वह सही-गलत सोच पाने में असमर्थ था।

**प्रश्न 4. नीचे दिए गए वाक्यों का आशय स्पष्ट कीजिए–**

(क) खूब वयोवृद्ध थी। सदियों के अनुभव के निशान लिए हुए थी।

....................................................................................................

....................................................................................................

(ख) काँच बहुत कम बचे थे। जो बचे थे, उनसे हमें बचना था।

....................................................................................................

....................................................................................................

....................................................................................................

(ग) जो छोड़ने आए थे, वे इस तरह देख रहे थे जैसे अंतिम विदा दे रहे हैं।

....................................................................................................

....................................................................................................

## भाषा ज्ञान

**प्रश्न 5. नीचे दिए गए शब्दों के तीन-तीन पर्यायवाची शब्द लिखिए–**

(क) पेड़ – ........................ ........................ ........................

(ख) आँख – ........................ ........................ ........................

(ग) साथी – ........................ ........................ ........................

(घ) माता – ........................ ........................ ........................

(ङ) जीवन – ........................ ........................ ........................

**प्रश्न 6. नीचे दिए गए गद्यांश में उचित विराम चिह्न लगाइए–**

एकाएक फिर बस रुकी ड्राइवर ने तरह तरह की तरकीबें कीं पर वह चली नहीं सविनय अवज्ञा आंदोलन शुरू हो गया था कंपनी के हिस्सेदार कह रहे थे बस तो फर्स्ट क्लास है जी यह तो इत्तफ़ाक की बात है

................................................................................................................................

................................................................................................................................

................................................................................................................................

................................................................................................................................

................................................................................................................................

## कुछ करने को

**प्रश्न 7. आपने बस से यात्रा की होगी। अपनी किसी यादगार यात्रा का वर्णन कीजिए।**

................................................................................................................................

................................................................................................................................

................................................................................................................................

................................................................................................................................

..................................................................................................................................................

..................................................................................................................................................

..................................................................................................................................................

..................................................................................................................................................

प्रश्न 8. इतिहास की पुस्तक एवं इंटरनेट की सहायता से सविनय अवज्ञा आंदोलन के बारे में जानकारी प्राप्त करके लिखिए एवं अपनी कक्षा में चर्चा कीजिए।

..................................................................................................................................................

..................................................................................................................................................

..................................................................................................................................................

..................................................................................................................................................

..................................................................................................................................................

..................................................................................................................................................

..................................................................................................................................................

..................................................................................................................................................

..................................................................................................................................................

..................................................................................................................................................

..................................................................................................................................................

..................................................................................................................................................

# 3

# दीवानों की हस्ती

## शब्दार्थ

| शब्द | अर्थ |
|---|---|
| उल्लास | खुशी, हर्ष |
| हस्ती | अस्तित्व |
| आलम | दुनिया, हालत |
| दीवाना | जो किसी कार्य में तन्मय रहता हो |
| स्वच्छंद | अपनी इच्छा के अनुसार चलने वाला |
| बंधन | रुकावट, प्रतिबंध |

## कविता से

**प्रश्न 1. नीचे दिए गए प्रश्नों के उत्तर दीजिए–**

(क) 'दीवानों की हस्ती' कविता में किसका वर्णन किया गया है?

..............................................................................................................

..............................................................................................................

..............................................................................................................

..............................................................................................................

(ख) हम तो आज यहाँ हैं और कल न जाने कहाँ होंगे? दीवानों ने ऐसा क्यों कहा है?

.................................................................................................................................

.................................................................................................................................

.................................................................................................................................

.................................................................................................................................

(ग) दीवानों के आने से उल्लास और जाने से सबकी आँखों में आँसू क्यों आ जाते हैं?

.................................................................................................................................

.................................................................................................................................

.................................................................................................................................

.................................................................................................................................

(घ) दीवानों के लिए सुख-दुख समान क्यों होता है?

.................................................................................................................................

.................................................................................................................................

.................................................................................................................................

.................................................................................................................................

(ङ) कवि ने अपने-पराए का भाव त्यागकर देशवासियों के लिए क्या शुभकामनाएँ दी हैं?

.................................................................................................................................

.................................................................................................................................

.................................................................................................................................

.................................................................................................................................

**प्रश्न 2. नीचे दी गई पंक्तियों को पूरा कीजिए–**

हम दीवानों ....................................

हैं आज यहाँ, ....................................

.................................... साथ चला,

हम धूल उड़ाते ....................................

.................................... उल्लास अभी,

आँसू बनकर ....................................

सब कहते ही ....................................

.................................... कहाँ चले?

**प्रश्न 3. नीचे दिए गए प्रश्नों के उपयुक्त उत्तर पर (✓) का चिह्न लगाइए–**

**(क)** दीवाने शब्द किसके लिए प्रयुक्त किया गया है?

(*i*) प्रेम करने वालों के लिए

(*ii*) देश पर मर-मिटने वालों के लिए

(*iii*) सामान्य सैनिकों के लिए

(*iv*) नवयुवकों के लिए

**(ख)** वे टिककर एक स्थान पर क्यों नहीं बैठते थे?

(*i*) क्योंकि उन्हें घूमना अच्छा लगता था।

(*ii*) क्योंकि वे स्थान-स्थान पर घूमकर शक्ति बटोर रहे थे।

(*iii*) क्योंकि वे अपनी नीतियों को ब्रिटिश सरकार से छिपकर अंजाम देते थे।

(*iv*) क्योंकि उनका घर नहीं था।

**(ग)** वे सुख-दुख को समान क्यों समझते थे?

(*i*) उन्होंने अपने घर को छोड़ दिया था?

(*ii*) वे किसी से प्रेम नहीं करते थे।

(*iii*) क्योंकि उनका पूरा जीवन देश पर समर्पित था।

(*iv*) क्योंकि वे केवल अपने-आप से प्रेम करते थे।

**(घ)** वीरों के मन में बलिदान होने की चाहत किसके लिए थी?

(*i*) परिवार के लिए (*ii*) देश के लिए

(*iii*) राज्य के लिए (*iv*) अपने लिए

(ङ) वीरों के हृदय पर कौन-सी असफलता के निशान थे?

(*i*) स्वतंत्रता प्राप्त न कर सकने की

(*ii*) अंग्रेज़ी सरकार का मुकाबला न कर पाने की

(*iii*) अपने रिश्तेदारों से न मिल पाने की

(*iv*) इनमें से कोई नहीं।

**प्रश्न 4. नीचे दिए गए शब्दों का वाक्य-प्रयोग कीजिए–**

धूल, बंधन, उल्लास, दुनिया, असफलता

.......................................................................................................

.......................................................................................................

.......................................................................................................

.......................................................................................................

.......................................................................................................

.......................................................................................................

.......................................................................................................

## भाषा ज्ञान

**प्रश्न 5. नीचे दिए गए शब्दों के विपरीतार्थक शब्द लिखिए–**

(क) परतंत्र – ..............................

(ख) अपना – ..............................

(ग) सुख – ..............................

(घ) सफलता – ..............................

(ङ) आज – ..............................

(च) आबाद – ..............................

(छ) बंधन – ..............................

**प्रश्न 6. नीचे दिए गए शब्दों के दो-दो पर्यायवाची लिखिए–**

(क) उल्लास = .................... ....................

(ख) प्यार = .................... ....................

(ग) दुनिया = .................... ....................

(घ) कामना = .................... ....................

(ङ) मानव = .................... ....................

**प्रश्न 7. रिक्त स्थानों की पूर्ति उपयुक्त शब्दों से कीजिए–**

(क) हवा .................... हुई बह रही थी। (सनसनाती / गुंजारती / कड़कड़ाती)

(ख) .................... बारिश हो रही है। (रिमझिम / कलकल / खड़खड़)

(ग) चिड़ियाँ .................... रही हैं। (चहचहा / चिड़चिड़ा / काँव-काँव)

(घ) भँवरे .................... कर रहे हैं। (टिटकार / गुंजार / हिनहिन)

(ङ) कोयल .................... लगी। (कूकने / गुटर-गूँ करने / रुनझुनाने)

## कुछ करने को

**प्रश्न 8. क्या आपको अपने आसपास कोई दीवाना महसूस होता है? बताइए क्यों? उसकी जीवन-शैली क्या है? वर्णन कीजिए।**

........................................................................................................................

........................................................................................................................

........................................................................................................................

........................................................................................................................

........................................................................................................................

........................................................................................................................

........................................................................................................................

# 4

# भगवान के डाकिए

## शब्दार्थ

| शब्द | अर्थ |
|---|---|
| बाँचना | तेज़-तेज़ पढ़ना |
| आँकना | अनुमान लगाना |
| पाँख | पक्षियों के पंख |
| सौरभ | खुशबू |
| तिरता | सवार होकर |

## कविता से

**प्रश्न 1. नीचे दिए गए प्रश्नों के उत्तर दीजिए–**

(क) कवि ने भगवान के डाकिए किन्हें कहा है और क्यों?

..........................................................................................

..........................................................................................

..........................................................................................

(ख) एक देश दूसरे देश की धरती पर सुगंध कैसे भेजता है?

.....................................................................................................

.....................................................................................................

.....................................................................................................

(ग) कविता में कवि ने पक्षी और बादल की तुलना भगवान के डाकिए से की है। क्या आप ऐसे और उदाहरण दे सकते हैं जो भगवान के डाकिए के रूप में जाने जा सकते हों?

.....................................................................................................

(घ) किस पक्षी का प्रयोग संदेश भेजने में किया जाता था?

.....................................................................................................

(ङ) 'भगवान के डाकिए' कविता में किन शाश्वत मूल्यों को व्यक्त किया गया है?

.....................................................................................................

.....................................................................................................

.....................................................................................................

.....................................................................................................

**प्रश्न 2. नीचे दी गई पंक्तियों का भाव स्पष्ट कीजिए–**

हम तो समझ नहीं पाते हैं

मगर उनकी लाई चिट्ठियाँ

पेड़, पौधे, पानी और पहाड़

बाँचते हैं।

.....................................................................................................

.....................................................................................................

.....................................................................................................

.....................................................................................................

.....................................................................................................

**प्रश्न 3. कविता की पंक्तियाँ पूरी कीजिए–**

हम तो केवल यह आँकते हैं

कि ..................................................

..................................................

..................................................

..................................................

..................................................

..................................................

बनकर गिरता है।

**प्रश्न 4. नीचे दिए गए प्रश्नों के उपयुक्त उत्तर पर ( ✓ ) का चिह्न लगाइए–**

**(क)** कवि ने डाकिए किन्हें कहा है?

(i) पेड़-पौधों को ☐ (ii) हवा को ☐

(iii) पक्षी व बादलों को ☐ (iv) बादलों को ☐

**(ख)** 'महादेश' शब्द से क्या तात्पर्य है?

(i) महान देश ☐ (ii) विशाल देश ☐

(iii) विशेष देश ☐ (iv) दूर-दराज़ का देश ☐

**(ग)** पक्षियों और बादलों के द्वारा लाए गए संदेश को पढ़ने में कौन सक्षम होते हैं?

(i) सभी जीव-जंतु ☐

(ii) संसार में रहने वाले सभी लोग ☐

(iii) संसार के कुछ विशेष लोग ☐

(iv) प्रकृति अर्थात पेड़-पौधे, सरोवर, सरिताएँ, समुद्र तथा पर्वत ☐

**(घ)** बादलों की किस विशेषता को बताया गया है?

(i) निरंतर आगे बढ़ते हैं। ☐

(ii) एक देश में बनकर दूसरे देश में बरसते हैं। ☐

(iii) अधिक से अधिक बरसने पर खुश होते हैं। ☐

(iv) कई रंगों के होते हैं। ☐

(ङ) प्रकृति की क्या विशेषता है?

(*i*) किसी के बंधन में नहीं बँधती।

(*ii*) किसी के साथ किसी प्रकार का भेदभाव नहीं करती।

(*iii*) विश्व-बंधुत्व का संदेश देती है।

(*iv*) उपरोक्त सभी।

## भाषा ज्ञान

**प्रश्न 5. नीचे दिए गए वाक्यांशों के लिए एक शब्द लिखिए–**

(क) संदेश लाने वाला – ..............................

(ख) डाक बाँटने वाला – ..............................

(ग) जो बहुत कम जानता हो – ..............................

(घ) अपनी इच्छा से सेवा करने वाला – ..............................

(ङ) जहाँ जाना कठिन हो – ..............................

**प्रश्न 6. नीचे दिए गए शब्दों में जो शब्द पर्यायवाची नहीं है, उस पर ◯ लगाइए–**

(क) पानी – जल, नीर, कानन, अंबु।

(ख) धरती – पृथ्वी, भू, भूमि, शैल।

(ग) पर्वत – शैल, गिरि, नग, नाग।

(घ) पक्षी – खग, द्विज, विहग, वसुधा।

(ङ) बादल – वारिद, मेघ, अंबुज, नीरद।

(च) हवा – पवन, वायु, समीर, सलिल।

(छ) ईश्वर – भगवान, परमात्मा, प्रभु, इच्छा।

**प्रश्न 7. नीचे दी गई पंक्तियों में कौन-सा अलंकार है?**

जो एक महादेश से
दूसरे महादेश को जाते हैं।
हम तो समझ नहीं पाते हैं
मगर उनकी लाई चिट्ठियाँ
पेड़, पौधे, पानी और पहाड़
बाँचते हैं।

.................................................................................................

.................................................................................................

.................................................................................................

.................................................................................................

## कुछ करने को

**प्रश्न 8. किसी डाकिए से मिलकर उसके कार्य के बारे में जानकारी प्राप्त कीजिए। हमारे जीवन में डाकिए की भूमिका पर एक लेख तैयार कीजिए।**

.................................................................................................

.................................................................................................

.................................................................................................

.................................................................................................

.................................................................................................

.................................................................................................

.................................................................................................

.................................................................................................

.................................................................................................

# 5 क्या निराश हुआ जाए

## शब्दार्थ

| शब्द | अर्थ |
|---|---|
| अतीत | बीता हुआ |
| निरीह | सीधा-सादा, बेचारा |
| धर्मभीरु | अधर्म से डरने वाला, भयपूर्वक धर्म का पालन करने वाला |
| आक्रोश | क्रोधयुक्त उत्तेजना, आवेश |
| गंतव्य | स्थान जहाँ किसी को जाना हो |
| कातर | व्याकुलता, बेचैनी |
| ढाँढ़स | दिलासा |

## निबंध से

**प्रश्न 1. नीचे दिए गए प्रश्नों के उत्तर दीजिए–**

(क) लेखक का मन कभी-कभी बैठ क्यों जाता है?

..................................................................................................................

..................................................................................................................

..................................................................................................................

(ख) क्या कारण है कि हर आदमी दोषी अधिक दिख रहा है, गुणी कम या बिलकुल भी नहीं?

.............................................................................................................

.............................................................................................................

.............................................................................................................

(ग) तिलक और गांधी जी के सपनों का भारतवर्ष कैसा है?

.............................................................................................................

.............................................................................................................

.............................................................................................................

(घ) 'जीवन के महान मूल्यों के बारे में लोगों की आस्था हिलने लगी है।' ऐसा लेखक ने क्यों कहा है?

.............................................................................................................

.............................................................................................................

.............................................................................................................

.............................................................................................................

(ङ) लेखक किन विचारों को प्रधान शक्ति मान लेने तथा अपने मन और बुद्धि को उन्हीं के इशारे पर छोड़ देने को बुरा आचरण कह रहा है?

.............................................................................................................

.............................................................................................................

(च) लेखक के अनुसार समाज के उच्च वर्ग में चाहे जो भी होता रहा हो, भीतर-ही-भीतर भारतवर्ष अब भी यह अनुभव कर रहा है कि धर्म कानून से बड़ी चीज़ है। आपके क्या विचार हैं? लिखिए।

.............................................................................................................

.............................................................................................................

.............................................................................................................

.............................................................................................................

..............................................................................................................................................

..............................................................................................................................................

(छ) भ्रष्टाचार के विरूद्ध आक्रोश प्रकट करना किस बात को प्रमाणित करता है?

..............................................................................................................................................

..............................................................................................................................................

..............................................................................................................................................

..............................................................................................................................................

(ज) लेखक दोषों का पर्दाफाश करते समय किस बात से बचने के लिए कहता है?

..............................................................................................................................................

..............................................................................................................................................

..............................................................................................................................................

..............................................................................................................................................

(झ) लेखक को क्यों लगता है कि दुनिया से सच्चाई और ईमानदारी लुप्त नहीं हुई है?

..............................................................................................................................................

..............................................................................................................................................

..............................................................................................................................................

..............................................................................................................................................

..............................................................................................................................................

(ञ) बस के यात्रियों को ऐसा क्यों लगा कि उन्हें धोखा दिया जा रहा है?

..............................................................................................................................................

..............................................................................................................................................

..............................................................................................................................................

..............................................................................................................................................

..............................................................................................................................................

(ट) बस के यात्री क्यों डर रहे थे?

..........................................................................................

..........................................................................................

..........................................................................................

(ठ) कविवर रवींद्रनाथ ठाकुर ने भगवान से क्या प्रार्थना की और क्यों?

..........................................................................................

..........................................................................................

..........................................................................................

..........................................................................................

..........................................................................................

(ड) महान भारतवर्ष को पाने की संभावना बनी हुई है और बनी रहेगी। लेखक के इस कथन से हमें क्या संदेश मिलता है?

..........................................................................................

..........................................................................................

..........................................................................................

..........................................................................................

..........................................................................................

**प्रश्न 2. नीचे दिए गए वाक्यों में से सही वाक्य पर (✓) का चिह्न और गलत वाक्य पर (✗) का चिह्न लगाइए–**

(क) आजकल समाचार पत्रों में ठगी, डकैती, चोरी, तस्करी और भ्रष्टाचार के समाचार भरे रहते हैं। ☐

(ख) देश पूरी तरह ईमानदार हो गया है। ☐

(ग) आजकल हर आदमी दोषी अधिक व गुणी कम दिखाई देता है। ☐

(घ) भारतवर्ष में भौतिक वस्तुओं के संग्रह पर बल दिया जाता है। ☐

(ङ) दोषों का पर्दाफाश करना बुरी बात है। ☐

(च) बस खराब होते ही कंडक्टर साइकिल लेकर चला गया।

(छ) कंडक्टर एक खाली बस व बच्चों के खाने-पीने के लिए कुछ सामान लाया।

(ज) लेखक अपने मन को निराश न होने के लिए ढाँढ़स बँधाता है।

**प्रश्न 3. नीचे दिए गए वाक्यों को पाठ के आधार पर पूरा कीजिए–**

(क) भारतवर्ष ने कभी भी .......................... के संग्रह को बहुत अधिक महत्त्व नहीं दिया है।

(ख) .......................... सदा कानून को धर्म के रूप में देखता आ रहा है।

(ग) अब भी सेवा, ईमानदारी, सच्चाई और .......................... के मूल्य बने हुए हैं।

(घ) कुछ .......................... ने ड्राइवर को पकड़कर मारने-पीटने का हिसाब बनाया।

(ङ) मेरे बच्चे .......................... के लिए व्याकुल थे।

**प्रश्न 4. नीचे दिए गए शब्दों से वाक्य बनाइए–**

पर्दाफाश, रेलवे स्टेशन, धोखा, ड्राइवर, भारतवर्ष

..............................................................................................................................

..............................................................................................................................

..............................................................................................................................

..............................................................................................................................

..............................................................................................................................

..............................................................................................................................

## भाषा ज्ञान

**प्रश्न 5. नीचे दिए गए मुहावरों का अर्थ लिखकर वाक्य-प्रयोग कीजिए–**

(क) उल्लू बनाना

(ख) पेट में चूहे कूदना

(ग) हाथ-पाँव फूल जाना

(घ) दाल न गलना

(ङ) कमर कसना

प्रश्न 6. नीचे दिए गए वाक्यों में रेखांकित शब्दों के वचन बदलकर वाक्य पुनः लिखिए–

(क) कुछ <u>नौजवान</u> ने ड्राइवर को पकड़कर मारने-पीटने का हिसाब बनाया।

(ख) मैंने <u>यात्री</u> को समझाया कि मारना ठीक नहीं है।

(ग) मनुष्य की बनाई <u>विधि</u> गलत नतीजे तक पहुँच रही हैं तो इन्हें बदलना होगा।

(घ) <u>समाचारपत्र</u> में ठगी, डकैती, चोरी, तस्करी और भ्रष्टाचार के समाचार भरे रहते हैं।

(ङ) मेरे जीवन में ऐसी <u>घटना</u> हुई हैं जिन्हें मैं भूल नहीं सकता।

**प्रश्न 7. नीचे दिए गए गद्यांश में उचित विराम चिह्न लगाइए–**

बस में बैठे लोगों ने तरह तरह की बातें शुरू कर दीं किसी ने कहा यहाँ डकैती होती है दो दिन पहले इसी तरह एक बस को लूटा गया था परिवार सहित अकेला मैं ही था बच्चे पानी पानी चिल्ला रहे थे पानी का कहीं ठिकाना न था ऊपर से आदमियों का डर समा गया था

.............................................................................................................

.............................................................................................................

.............................................................................................................

.............................................................................................................

## कुछ करने को

**प्रश्न 8. तीन हिंदी समाचार पत्रों के नाम लिखें। आपका मनपसंद समाचार पत्र कौन-सा है और क्यों?**

.............................................................................................................

.............................................................................................................

.............................................................................................................

.............................................................................................................

.............................................................................................................

.............................................................................................................

.............................................................................................................

.............................................................................................................

.............................................................................................................

# 6

# यह सबसे कठिन समय नहीं

## शब्दार्थ

| शब्द | अर्थ |
|---|---|
| गंतव्य | वह स्थान जहाँ किसी को जाना हो |
| वक्त | समय |
| प्रतीक्षा | इंतजार |
| झरती | झड़ती |
| अंतरिक्ष | पृथ्वी तथा अन्य ग्रहों या लोकों के बीच का स्थान |

## कविता से

**प्रश्न 1. नीचे दिए गए प्रश्नों के उत्तर दीजिए–**

(क) कवयित्री कविता में मनुष्य को क्या कहना चाहती है और उसके लिए उन्होंने क्या-क्या उदाहरण दिए हैं?

..............................................................................................................

..............................................................................................................

..............................................................................................................

..............................................................................................................

(ख) बूढ़ी नानी क्या करती हैं और उनकी कहानी का कौन-सा हिस्सा महत्त्वपूर्ण है और क्यों?

(ग) अंतरिक्ष के पार लोग किसमें और क्यों गए थे? बस किसकी खबर लाने वाली थी?

(घ) 'यह सबसे कठिन समय नहीं'–पंक्ति का आशय स्पष्ट कीजिए?

(ङ) 'अभी भी दबा है चिड़िया की चोंच में तिनका'–पंक्ति का आशय स्पष्ट कीजिए?

(च) अपनो को सदैव स्वजनों के आने का इंतजार रहता है क्यों?

.................................................................................................

.................................................................................................

.................................................................................................

.................................................................................................

.................................................................................................

.................................................................................................

.................................................................................................

(छ) इस कविता में सत्यता व कल्पना के भाग को अलग कीजिए।

.................................................................................................

.................................................................................................

.................................................................................................

.................................................................................................

(ज) कवयित्री कविता के माध्यम से क्या संदेश देना चाहती है?

.................................................................................................

.................................................................................................

.................................................................................................

.................................................................................................

.................................................................................................

**प्रश्न 2. नीचे दी गई पंक्तियों को पूरा कीजिए–**

नहीं, यह ..........................................

अभी भी दबा है ..............................

चोंच ..........................................

और वह उड़ने ..............................

अभी भी ...............................................

............................................ हाथ एक

**प्रश्न 3. नीचे दी गई पंक्तियों का भाव स्पष्ट कीजिए–**

अभी भी भीड़ है स्टेशन पर
अभी भी एक रेलगाड़ी जाती है
गंतव्य तक
जहाँ कोई कर रहा होगा प्रतीक्षा
अभी भी कहता है कोई किसी को
जल्दी आ जाओ कि अब
सूरज डूबने का वक्त हो गया।

...........................................................................................................................

...........................................................................................................................

...........................................................................................................................

...........................................................................................................................

...........................................................................................................................

...........................................................................................................................

...........................................................................................................................

**प्रश्न 4. नीचे दिए गए प्रश्नों के उपयुक्त उत्तर पर (✓) का चिह्न लगाइए–**

**(क)** चिड़िया चोंच में तिनका दबाए उड़ने की तैयारी में क्यों है?

(*i*) क्योंकि वह घोंसले का निर्माण करना चाहती है। ☐

(*ii*) क्योंकि तिनका मुँह में दबाकर ऊँची उड़ान भरना चाहती है। ☐

(*iii*) तिनके एकत्रित करना चाहती है। ☐

(*iv*) इनमें से कोई नहीं। ☐

**(ख)** 'झरती हुई पत्ती थामने को बैठा है हाथ एक' पंक्ति का आशय बताइए?

(*i*) पेड़ से पत्ती झड़ जाती है। ☐

(ii) पेड़ से गिरती पत्ती को कोई सहारा देता है।

(iii) पेड़ से गिरती पत्ती को सहारा चाहिए।

(iv) पेड़ से गिरती पत्ती को कोई सहारा दे देना चाहिए।

(ग) कहानी कौन सुना रहा है?

(i) नानी (ii) दादी

(iii) बुआ (iv) अम्मा

(घ) अंतरिक्ष के पार लोग क्यों गए थे?

(i) नई जानकारियाँ प्राप्त करने (ii) घूमने

(iii) कुछ नए कार्य करने (iv) इनमें से कोई नहीं।

(ङ) अंतरिक्ष से आने वाली बस के बारे में कवयित्री क्या कहना चाहती है?

(i) बस उन बचे हुए लोगों का समाचार लाएगी जिन्होंने हिम्मत न हारकर मृत्यु से जूझते हुए अपने लक्ष्य में सफलता प्राप्त की।

(ii) बस उन बचे हुए लोगों का समाचार लाएगी जिन्होंने अपने लक्ष्य में जूझते हुए प्राण त्याग दिए।

(iii) वह कुछ लोगों को ही ला पाएगी।

(iv) उसमें वे लोग आ रहे हैं जो हिम्मत वाले थे।

## भाषा ज्ञान

**प्रश्न 5. नीचे दिए गए शब्दों के तीन-तीन पर्यायवाची लिखिए–**

(क) हाथ – .................. .................. ..................

(ख) प्रतीक्षा – .................. .................. ..................

(ग) पक्षी – .................. .................. ..................

(घ) मनुष्य – .................. .................. ..................

(ङ) सूरज – .................. .................. ..................

**प्रश्न 6.** **नीचे दिए गए अनुच्छेद में कुछ शब्द लुप्त हैं। संदर्भ को समझते हुए उन्हें लिखिए–**

रिमझिम .................. हो रही थी। .................. टर्र-टर्र कर रहे थे। .................. सरसराती हुई चल रही थी। .................. कल-कल करके बह रही थी। .................. झर-झर गिर रहे थे।

**प्रश्न 7.** **नीचे दिए गए शब्दों के लिए दो-दो विशेषण शब्द लिखिए–**

(क) नानी – .................. ..................

(ख) चिड़िया – .................. ..................

(ग) पत्ती – .................. ..................

(घ) तिनका – .................. ..................

(ङ) कथा – .................. ..................

## कुछ करने को

**प्रश्न 8.** **जीवन में बहुधा कठिनाइयाँ आती हैं। आपके जीवन की कोई ऐसी घटना जिसमें आपने कठिनाई का सामना किया हो, का वर्णन कीजिए। आपने किस प्रकार उन्हें दूर कर लक्ष्य को प्राप्त किया?**

..........................................................................................

..........................................................................................

..........................................................................................

..........................................................................................

..........................................................................................

..........................................................................................

..........................................................................................

..........................................................................................

# 7

# कबीर की साखियाँ

## शब्दार्थ

| शब्द | अर्थ |
|---|---|
| साध | ज्ञानी, साधु |
| ज्ञान | जानकारी |
| मोल | दाम |
| तरवार | तलवार |
| आवत | आना |
| गारी | गाली |
| कर | हाथ |
| मनुवाँ | मन में |
| सुमिरन | स्मरण |
| नींदिए | आलोचना, उपेक्षा करना |
| पाऊँ | पैर |
| तलि | नीचे, तली |
| उड़ि | उड़कर |
| दुहेली | पीड़ा, दुख |
| बैरी | दुश्मन |
| सीतल | शांत |
| आपा | अहंकार |

## पाठ से

**प्रश्न 1. नीचे दिए गए प्रश्नों के उत्तर दीजिए–**

**(क)** 'जाति न पूछो साध की, पूछ लीजिए ज्ञान।' कविता की इस पंक्ति द्वारा कबीर क्या कहना चाहते हैं? स्पष्ट कीजिए।

........................................................................................................................................

........................................................................................................................................

**(ख)** कबीर तलवार का मोल पूछने को कहते हैं किंतु म्यान का नहीं। क्यों?

........................................................................................................................................

........................................................................................................................................

**(ग)** यदि कोई आपको अपशब्द कह रहा हो तो कबीर बदले में क्या करने को कहते हैं?

........................................................................................................................................

........................................................................................................................................

**(घ)** कबीर के निम्न दोहे का अर्थ स्पष्ट कीजिए–

माला तो कर में फिरै, जीभि फिरै मुख माँहि।
मनुवाँ तो चहुँ दिसि फिरै, यह तौ सुमिरन नाहिं।।

........................................................................................................................................

........................................................................................................................................

........................................................................................................................................

........................................................................................................................................

........................................................................................................................................

........................................................................................................................................

........................................................................................................................................

(ङ) "यदि हमारा मन शांत है तो संसार में हमारा कोई दुश्मन नहीं होता है। यदि हम अपना अहंकार छोड़ दें तो सभी हम पर दया करते हैं।"

ये कबीर दास जी के किस दोहे का अर्थ हैं–

........................................................................................................................................

........................................................................................................................................

(च) कबीर घास को तुच्छ न समझने के लिए क्यों कहते हैं?

........................................................................................................................................

........................................................................................................................................

........................................................................................................................................

........................................................................................................................................

(छ) मोतियों की माला फेरने और जीभ चलाने मात्र से क्या ईश्वर की प्राप्ति संभव है? इसके लिए क्या आवश्यक है?

........................................................................................................................................

........................................................................................................................................

........................................................................................................................................

(ज) कबीर ने अपनी साखियों के माध्यम से क्या संदेश प्रतिपादित किया है?

........................................................................................................................................

........................................................................................................................................

........................................................................................................................................

........................................................................................................................................

........................................................................................................................................

........................................................................................................................................

........................................................................................................................................

........................................................................................................................................

प्रश्न 2. दो लोग आपस में लड़ रहे हैं और एक-दूसरे को बुरा-भला कह रहे हैं। यदि इनमें से कोई एक व्यक्ति शांत रहे तो क्या लड़ाई खत्म होने की संभावना है? अपने विचार व्यक्त कीजिए–

......................................................................................................................................

......................................................................................................................................

......................................................................................................................................

......................................................................................................................................

......................................................................................................................................

......................................................................................................................................

......................................................................................................................................

प्रश्न 3. "व्यक्ति का ज्ञान बड़ा होता है जाति नहीं" अपने विचार व्यक्त कीजिए–

......................................................................................................................................

......................................................................................................................................

......................................................................................................................................

......................................................................................................................................

......................................................................................................................................

......................................................................................................................................

प्रश्न 4. क्या आप किसी ऐसे व्यक्ति से मिले हैं जो अहंकारी हो? उसके लिए आप क्या विचार रखते है? लिखिए–

......................................................................................................................................

......................................................................................................................................

......................................................................................................................................

......................................................................................................................................

......................................................................................................................................

......................................................................................................................................

**प्रश्न 5. पाठ के आधार पर रिक्त स्थानों की पूर्ति कीजिए–**

(क) जाति न पूछो ...................... की, पूछ लीजिए ज्ञान।

(ख) आवत ...................... एक है, ...................... होइ अनेक।

(ग) ...................... तो चहुँ दिसि फिरै, यह तो ...................... नाहिं।

(घ) कबीर घास न ...................... जो पाँऊ ...................... होइ।

(ङ) जग में ...................... कोई नहीं, जो मन ...................... होय।

**प्रश्न 6. मिलान कीजिए–**

| | | |
|---|---|---|
| (क) | मोल करो तरवार का | दया करै सब कोय। |
| (ख) | कह कबीर नहिं उलटिए | खरी दुहेली होइ। |
| (ग) | मनुवाँ तो चहुँ दिसि फिरै | पड़ा रहन दो म्यान। |
| (घ) | उड़ि पड़ै जब आँखि मैं | यह तौ सुमिरन नाहिं। |
| (ङ) | या आपा को डारि दे | वही एक की एक। |

**प्रश्न 7. नीचे दिए गए प्रश्नों के उपयुक्त उत्तर पर (✓) का चिह्न लगाइए–**

(क) किसकी जाति नहीं पूछनी चाहिए?

(*i*) साधु अर्थात् ज्ञानी ☐ (*ii*) पंडित ☐

(*iii*) गुरु ☐ (*iv*) सहपाठी ☐

(ख) 'गाली' शब्द से क्या अभिप्राय है?

(*i*) बेइज़्ज़ती करना ☐ (*ii*) अपशब्द कहना ☐

(*iii*) अनचाहे शब्द ☐ (*iv*) पलट कर जवाब देना ☐

(ग) माला कहाँ फेरी जाती है?

(*i*) हाथ में ☐ (*ii*) मुँह में ☐

(*iii*) गर्दन में ☐ (*iv*) अंतर्मन में ☐

(घ) किसकी निंदा नहीं करनी चाहिए?

(*i*) शक्तिशाली व्यक्ति की ☐

(*ii*) पड़ोसी की

(*iii*) पाँव तले रौंदी जाने वाली घास की

(*iv*) अपने मित्रों की

(ङ) मनुष्य का मन कैसा होना चाहिए?

(*i*) चंचल (*ii*) शांत व निर्मल

(*iii*) एकाग्रचित्त (*iv*) अहंकार युक्त

## भाषा ज्ञान

**प्रश्न 8. नीचे दिए गए शब्दों के हिंदी रूप लिखिए–**

मनुवाँ – ..............................

बानी – ..............................

सीतल – ..............................

तरवार – ..............................

जीभि – ..............................

गारी – ..............................

नींदिए – ..............................

**प्रश्न 9. नीचे दिए गए क्रियाविशेषणों को वर्गीकृत करके लिखिए–**

ऊपर, कल, अभी, उधर, बायीं ओर, जोर-जोर से, कम, ध्यानपूर्वक, उतना ही, अधिक, तेज़, बहुत, सदा, बार-बार, कहाँ, धीरे-धीरे।

| कालवाचक | स्थानवाचक | रीतिवाचक | परिमाणवाचक |
|---|---|---|---|
| .............................. | .............................. | .............................. | .............................. |
| .............................. | .............................. | .............................. | .............................. |
| .............................. | .............................. | .............................. | .............................. |
| .............................. | .............................. | .............................. | .............................. |

**नोट:** **कालवाचक क्रियाविशेषण**–*क्रिया के समय का बोध कराने वाले विशेषण शब्द; जैसे–पहले बाद में, कल, अभी-अभी आदि।*

**रीतिवाचक क्रियाविशेषण**–*क्रिया की रीति का बोध कराने वाले विशेषण शब्द; जैसे–धीरे-धीरे, मन-ही-मन, चुपके-चुपके आदि।*

**स्थानवाचक क्रियाविशेषण**–*क्रिया के स्थान का बोध कराने वाले विशेषण शब्द; जैसे–ऊपर-नीचे,अंदर-बाहर, यहाँ-वहाँ आदि।*

**परिमाणवाचक क्रियाविशेषण**–*क्रिया के परिमाण का बोध कराने वाले विशेषण शब्द; जैसे–बहुत, ज्यादा, कम, ज़रा आदि।*

**प्रश्न 10. निम्नलिखित वाक्यों की पूर्ति कोष्ठांकित शब्द के बहुवचन रूप से कीजिए–**

(क) हमें .................... से उनके ज्ञान को प्राप्त करना चाहिए। (साधु-संत)

(ख) हाथ में .................... की माला फेरने से और मुँह में जिह्वा चलाने से राम की प्राप्ति नहीं होती है। (मोती)

(ग) सभी .................... को शोर करने से मना करो। (बच्चा)

(घ) .................... तले दबी घास को कभी निकृष्ट नहीं समझना चाहिए। (पैर)

(ङ) हमें किसी के .................... को दोहराना नहीं चाहिए। (अपशब्द)

## कुछ करने को

**प्रश्न 11. कबीर द्वारा रचित अन्य दोहा जिसमें सीतल एवं आपा शब्दों का प्रयोग हुआ है। पता करके लिखिए–**

..........................................................................................

..........................................................................................

..........................................................................................

..........................................................................................

..........................................................................................

..........................................................................................

# 8 सुदामा चरित

## शब्दार्थ

| शब्द | अर्थ |
|---|---|
| सीस | सिर |
| पगा | पगड़ी |
| झंगा | ढीला कुरता |
| लटी | लटकना |
| दुपटी | अंगोछा |
| द्विज | ब्राह्मण |
| बिवाइन | पाँव की एड़ी का फटना |
| जोए | ढूँढ़ना |
| पाछिली | पिछली |
| पठवनि | भेजना |
| पुलकनि | उमंग |
| माझायो | बीच में |

## कविता से

**प्रश्न 1. नीचे दिए गए प्रश्नों के उत्तर दीजिए–**

**(क)** सुदामा किस दशा में श्रीकृष्ण के पास गए? वर्णन कीजिए।

........................................................................................................................

........................................................................................................................

**(ख)** श्रीकृष्ण सुदामा को देखकर भाव-विह्वल क्यों हो गए? अपने शब्दों में लिखिए।

........................................................................................................................

........................................................................................................................

........................................................................................................................

**(ग)** सुदामा जब चावल की पोटली श्री कृष्ण से छिपाते हैं तो श्री कृष्ण उन पर क्या दोषारोपण करते हैं?

........................................................................................................................

........................................................................................................................

........................................................................................................................

........................................................................................................................

**(घ)** कवि ने सुदामा की मनोदशा का क्या वर्णन किया है?

........................................................................................................................

........................................................................................................................

........................................................................................................................

........................................................................................................................

**(ङ)** सुदामा के मन में श्री कृष्ण के प्रति घृणा का भाव क्यों आया?

........................................................................................................................

........................................................................................................................

........................................................................................................................

........................................................................................................................

(च) सुदामा ने अपने गाँव पहुँचकर क्या देखा?

..........................................................................................

..........................................................................................

..........................................................................................

(छ) श्री कृष्ण ने मित्रता कैसे निभाई?

..........................................................................................

..........................................................................................

..........................................................................................

..........................................................................................

**प्रश्न 2. नीचे दी गई पंक्तियों का भाव स्पष्ट कीजिए–**

(क) सीस पगा न झँगा तन में, प्रभु! जाने को आहि बसे केहि ग्रामा।

धोती फटी-सी लटी दुपटी, अरू पाँय उपानह को नहिं सामा।।

द्वार खड़ो द्विज दुर्बल एक, रह्यो चकिसों बसुधा अभिरामा।

पूछत दीनदयाल को धाम, बतावत आपनो नाम सुदामा।।

..........................................................................................

..........................................................................................

..........................................................................................

..........................................................................................

..........................................................................................

(ख) कै वह टूटी-सी छानी हती, कहँ कंचन के अब धाम सुहावत।

कै पग में पनही न हती, कहँ, लै गजराजहु ठाढ़े महावत।।

भूमि कठोर पै रात कटै, कहँ कोमल सेज पै नींद न आवत।

के जुरतो नहिं कोदो सवाँ, प्रभु के परताप ते दाख न भावत।।

..........................................................................................

..................................................................................................................................

..................................................................................................................................

..................................................................................................................................

..................................................................................................................................

**प्रश्न 3. नीचे दिए गए प्रश्नों के उपयुक्त उत्तर पर (✓) का चिह्न लगाइए–**

**(क)** अपनी पत्नी के कहने पर सुदामा कृष्ण से मिलने क्यों जा रहे थे?

(*i*) ऐसे ही कृष्ण से मिलने ☐

(*ii*) कुछ उपहार देने ☐

(*iii*) अपनी उपलब्धियाँ बताने हेतु ☐

(*iv*) अपनी दीन-हीन अवस्था में कुछ सहायता पाने हेतु ☐

**(ख)** सुदामा ने द्वारपाल से क्या कहा?

(*i*) सुदामा ने सबसे बड़े महल के बारे में पूछा। ☐

(*ii*) सुदामा ने द्वारपाल को कृष्ण से मिलने को कहा और अपना नाम सुदामा बताया। ☐

(*iii*) सुदामा ने सबको पकड़-पकड़कर अपना नाम बताना चाहा। ☐

(*iv*) उपरोक्त सभी। ☐

**(ग)** कृष्ण ने सुदामा के चरण कैसे धोए?

(*i*) परात में पानी मँगाकर ☐ (*ii*) अपने आँसुओं से ☐

(*iii*) विशेष कुएँ के जल से ☐ (*iv*) इनमें से कोई नहीं ☐

**(घ)** कृष्ण को भाभी की भेंट 'चावल' कैसे लगे?

(*i*) बहुत मीठे ☐ (*ii*) एकदम फीके ☐

(*iii*) अमृत रस से परिपूर्ण ☐ (*iv*) ईश्वरीय प्रसाद स्वरूप ☐

**(ङ)** सुदामा ने अपनी झोंपड़ी में क्या बदलाव देखा?

(*i*) झोंपड़ी बड़ी हो गई। ☐

(*ii*) स्वर्ण-महल में बदल गई।

(*iii*) उसकी दशा देखने योग्य न थी।

(*iv*) जीर्ण-शीर्ण हो गई।

**प्रश्न 4. सुदामा ने कभी श्रीकृष्ण को दया का सागर कहा है तो कभी उनके प्रति खीझ का भाव प्रकट किया है। इन दो भिन्न प्रतिक्रियाओं के पीछे क्या कारण था?**

..............................................................................................................................

..............................................................................................................................

..............................................................................................................................

..............................................................................................................................

..............................................................................................................................

..............................................................................................................................

..............................................................................................................................

..............................................................................................................................

**प्रश्न 5. 'सच्ची मित्रता में वैद्य की निपुणता और परख और माता-सा धैर्य और कोमलता होती है'–स्पष्ट कीजिए।**

..............................................................................................................................

..............................................................................................................................

..............................................................................................................................

..............................................................................................................................

..............................................................................................................................

..............................................................................................................................

..............................................................................................................................

..............................................................................................................................

प्रश्न 6. बहुधा लोग उच्च पद पर पहुँचकर अपने प्रियजनों से नज़र फेरने लगते हैं। क्या यह उचित है? अपने विचार व्यक्त कीजिए–

.......................................................................................................................

.......................................................................................................................

.......................................................................................................................

.......................................................................................................................

.......................................................................................................................

## भाषा ज्ञान

प्रश्न 7. कविता से तुकांत शब्दों को छाँटकर लिखिए–

....................... ....................... ....................... .......................

....................... ....................... ....................... .......................

....................... .......................

प्रश्न 8. काव्यांश में से उन पंक्तियों को ढूँढ़कर लिखिए जिनमें अतिशयोक्ति अलंकार हो–

.......................................................................................................................

.......................................................................................................................

.......................................................................................................................

.......................................................................................................................

.......................................................................................................................

**नोट:** *जहाँ किसी गुण या स्थिति का बढ़ा-चढ़ाकर वर्णन किया जाए, वहाँ अतिशयोक्ति अलंकार होता है।*

प्रश्न 9. नीचे दिए गए शब्दों के दो-दो पर्यायवाची लिखिए–

(क) नयन – ....................... .......................

(ख) कृष्ण – ....................... .......................

(ग) जल – ....................... .......................

(घ) दीन – .................... ....................

(ङ) द्विज – .................... ....................

(च) सखा – .................... ....................

## कुछ करने को

**प्रश्न 10. आपका सच्चा मित्र कौन है और क्यों? लिखिए–**

..........................................................................................

..........................................................................................

..........................................................................................

..........................................................................................

..........................................................................................

..........................................................................................

..........................................................................................

..........................................................................................

..........................................................................................

..........................................................................................

# 9

# जहाँ पहिया है

## शब्दार्थ

| शब्द | अर्थ |
|---|---|
| आंदोलन | क्रांति |
| फब्ती | चोट करने वाली या चुभती बात |
| नवसाक्षर | नया सीखने वाला |
| यकीन | विश्वास |
| सतर्कता | सावधानी, होशियारी |
| घिसी-पिटी | जो बहुत दिनों से चली आ रही हो, पुरानी |
| कौशल | ठीक तरह से काम करने की योग्यता या सतर्कता |
| प्रहार | आक्रमण, वार, चोट, आघात |

## कहानी से

**प्रश्न 1. नीचे दिए गए प्रश्नों के उत्तर दीजिए–**

(क) महिलाओं द्वारा साइकिल चलाना देश के किस जिले में सामाजिक आंदोलन है?

..............................................................................................................................

..............................................................................................................................

..............................................................................................................

..............................................................................................................

(ख) पुडुकोट्टई की ग्रामीण महिलाओं ने साइकिल चलाना किस अभिव्यक्ति के लिए सीखा है?

..............................................................................................................

..............................................................................................................

..............................................................................................................

(ग) फातिमा साइकिल किराए पर लेकर क्यों चलाती है?

..............................................................................................................

..............................................................................................................

..............................................................................................................

..............................................................................................................

(घ) साइकिल चलाना सीखने में कौन-कौन-सी महिलाएँ आगे आईं?

..............................................................................................................

..............................................................................................................

..............................................................................................................

..............................................................................................................

..............................................................................................................

(ङ) साइकिल चलाने के आंदोलन से महिलाओं को क्या लाभ हुए हैं?

..............................................................................................................

..............................................................................................................

..............................................................................................................

..............................................................................................................

(च) सन 1992 के अंतर्राष्ट्रीय महिला दिवस से पहले और अब के पुडुकोट्टई जिले में क्या अंतर है?

..............................................................................................................

..................................................................................................................................................................

..................................................................................................................................................................

..................................................................................................................................................................

(छ) महिलाओं को साइकिल चलाने से क्या लाभ प्राप्त हो रहे हैं?

..................................................................................................................................................................

..................................................................................................................................................................

..................................................................................................................................................................

..................................................................................................................................................................

(ज) ग्रामीण महिलाओं ने साइकिल चलाने को हवाई जहाज़ उड़ाने जैसी बड़ी उपलब्धि क्यों कहा है?

..................................................................................................................................................................

..................................................................................................................................................................

..................................................................................................................................................................

..................................................................................................................................................................

..................................................................................................................................................................

..................................................................................................................................................................

..................................................................................................................................................................

..................................................................................................................................................................

**प्रश्न 2. रिक्त स्थानों की पूर्ति कीजिए–**

(क) .............................. जिले में महिलाओं द्वारा साइकिल चलाना एक सामाजिक आंदोलन है।

(ख) महिलाओं ने अपनी स्वाधीनता, आजादी और गतिशीलता को अभिव्यक्त करने के लिए प्रतीक के रूप में .............................. को चुना है।

(ग) साइकिल चलाना आंदोलन ने महिलाओं को .............................. प्रदान किया।

(घ) ओ बहिना, आ सीखें .............................., घूमें समय के .............................. संग।

(ङ) .............................. के अंतर्राष्ट्रीय महिला दिवस के बाद पुडुकोट्टई जिला कभी भी पहले जैसा नहीं हो सकता।

**प्रश्न 3.** **जमीला बीवी ने कहा, "यह मेरा अधिकार है, अब हम कहीं भी जा सकते हैं।"**
**साइकिल चलाने को जमीला ने अधिकार क्यों कहा है?**

..............................................................................................................

..............................................................................................................

..............................................................................................................

..............................................................................................................

..............................................................................................................

..............................................................................................................

**प्रश्न 4.** **नीचे दिए गए प्रश्नों के उपयुक्त उत्तर पर ( ✓ ) का चिह्न लगाइए–**

**(क)** पुडुकोट्टई जिले में साइकिल चलाने का कैसा आंदोलन चला?

(*i*) राष्ट्रीय आंदोलन ☐ (*ii*) सामाजिक आंदोलन ☐

(*iii*) धार्मिक आंदोलन ☐ (*iv*) प्रादेशिक आंदोलन ☐

**(ख)** समाज के लोग जीने के नवीन तरीके क्यों निकालते हैं?

(*i*) उन्नति की ओर बढ़ने के लिए ☐

(*ii*) नवीनीकरण को अपनाने के लिए ☐

(*iii*) रूढ़िवादिता को समाप्त करने के लिए ☐

(*iv*) उपरोक्त सभी ☐

**(ग)** साइकिल प्रशिक्षण से महिलाओं में क्या बदलाव आया?

(*i*) आत्मनिर्भरता बढ़ गई। ☐

(*ii*) आत्म-सम्मान की भावना जागी। ☐

(*iii*) वे स्वयं को स्वच्छंद समझने लगीं। ☐

(*iv*) उपरोक्त सभी। ☐

**(घ)** फातिमा साइकिल कैसे चलाती थी?

(*i*) नई खरीदकर ☐ (*ii*) किराए पर लेकर ☐

(*iii*) अपनी सहेलियों से माँगकर ☐ (*iv*) धीरे-धीरे डर-डरकर ☐

(ङ) गाँव की महिलाओं की साइकिल की तुलना किससे की गई है?

(*i*) मोटरकार से ☐ (*ii*) बस से ☐

(*iii*) हवाई जहाज़ से ☐ (*iv*) बैलगाड़ी से ☐

## भाषा ज्ञान

**प्रश्न 5. नीचे दिए गए शब्दों का शुद्ध रूप लिखिए–**

(क) प्रशिक्षिण शिविर – ........................

(ख) सर्तकता – ........................

(ग) प्रतीयोगिता – ........................

(घ) सावर्जनिक – ........................

(ङ) नवसाक्क्षर – ........................

(च) किलकुरूचि – ........................

(छ) स्वधिनता – ........................

(ज) पुडुकोटई – ........................

**प्रश्न 6. नीचे दिए गए मुहावरों का अर्थ लिखकर वाक्य-प्रयोग कीजिए–**

(क) हक्का–बक्का रह जाना (ख) फब्तियाँ कसना

(ग) दाँतों तले अँगुली दबाना (घ) अपनी डफली आप बजाना

(ङ) हवाई किले बनाना

..............................................................................................................

..............................................................................................................

..............................................................................................................

..............................................................................................................

..............................................................................................................

..............................................................................................................

..............................................................................................................

प्रश्न 7. नीचे दिए गए प्रत्ययों को जोड़कर दो-दो नए शब्द बनाइए–

(क) इक – .................... ....................

(ख) वाला – .................... ....................

(ग) ता – .................... ....................

(घ) ना – .................... ....................

(ङ) पन – .................... ....................

## कुछ करने को

प्रश्न 8. 'महिला सशक्तीकरण' से तात्पर्य किसी महिला की उस क्षमता से है जिसके बल पर वह अपने परिवार और समाज के सभी बंधनों से मुक्त होकर अपने निर्णयों की निर्माता खुद बने। महिला सशक्तीकरण पर निबंध लिखिए–

..........................................................................................

..........................................................................................

..........................................................................................

..........................................................................................

..........................................................................................

..........................................................................................

..........................................................................................

..........................................................................................

..........................................................................................

..........................................................................................

..........................................................................................

..........................................................................................

# 10

# अकबरी लोटा

## शब्दार्थ

| शब्द | अर्थ |
|---|---|
| असमर्थ | जो किसी विशिष्ट कार्य को कर सकने के योग्य न हो |
| तात्पर्य | भाव, आशय |
| प्रतिष्ठा | मान-मर्यादा, सम्मान, इज़्ज़त |
| डामलफाँसी | देश निकाला |
| अदब | सम्मान |
| ओझल | गायब |
| ईजाद | खोज, आविष्कार |
| नखशिख | पैर के नाखून से लेकर सिर तक के सभी अंग |
| सांगोपांग | अंगों-उपांगों सहित, ऊपर से नीचे तक |
| प्रकांड | विशाल, बहुत अधिक |
| संग्रह | एकत्र करने की क्रिया, इकट्ठा करना |
| डींग | लंबी-चौड़ी आत्मप्रशंसा |
| पारसाल | पिछले साल |
| तन्मयता | मग्न हो जाना |
| अंतर्धान | गायब होने की क्रिया, अदृश्य |
| पूर्ववत | जैसा पहले था वैसा ही |

## कहानी से

**प्रश्न 1. नीचे दिए गए प्रश्नों के उत्तर दीजिए–**

(क) लाला झाऊलाल की दुकानों से कितना मासिक किराया आता था?

........................................................................................................................

(ख) पत्नी के एकाएक ढाई सौ रुपये माँगने से लाला झाऊलाल का जी क्यों बैठ गया?

........................................................................................................................

........................................................................................................................

........................................................................................................................

(ग) झाऊलाल की पत्नी ने उनसे ऐसा क्यों कहा कि रुपये उन्हें इसी जिंदगी में चाहिए?

........................................................................................................................

........................................................................................................................

........................................................................................................................

(घ) रुपयों का प्रबंध न हो पाने से लाला जी को चिंता क्यों होने लगी?

........................................................................................................................

........................................................................................................................

(ङ) लाला झाऊलाल ने किससे रुपयों की मांग की और क्यों?

........................................................................................................................

........................................................................................................................

........................................................................................................................

(च) लेखक के अनुसार बुजुर्गों ने पानी पीने के संबंध में कौन-से नियम बनाए और कौन-से नहीं?

........................................................................................................................

........................................................................................................................

........................................................................................................................

........................................................................................................................

(छ) झाऊलाल के हाथ से लोटा छूटने के बाद क्या हुआ?

.............................................................................................................

.............................................................................................................

.............................................................................................................

.............................................................................................................

.............................................................................................................

(ज) अंग्रेज के पूछने पर पं. बिलवासी मिश्र ने झाऊलाल को नहीं जानते हैं क्यों कहा?

.............................................................................................................

.............................................................................................................

.............................................................................................................

.............................................................................................................

(झ) पं. बिलवासी मिश्र ने झाऊलाल के लिए रुपयों का इंतज़ाम कैसे किया?

.............................................................................................................

.............................................................................................................

.............................................................................................................

.............................................................................................................

.............................................................................................................

(ञ) जहाँगीरी अंडा क्या है? कहानी के आधार पर वर्णन करें।

.............................................................................................................

.............................................................................................................

.............................................................................................................

.............................................................................................................

.............................................................................................................

.............................................................................................................

.............................................................................................................

**प्रश्न 2. रिक्त स्थानों की पूर्ति कीजिए–**

(क) .................... रुपए तो एक आँख सेंकने के लिए भी न मिलते थे।

(ख) कुछ ऐसी गढ़न उस लोटे की थी कि उसका बाप .................... , माँ .................... रही हो।

(ग) लोटा अपने वेग में उल्का को .................... हुआ आँखों से .................... हो गया।

(घ) यह वह प्रसिद्ध .................... लोटा है जिसकी तलाश में संसारभर के .................... परेशान हैं।

(ङ) सन .................... तक इसके शाही .................... में रहने का पता है। पर इसके बाद लापता हो गया।

(च) .................... वालों को पता चले तो फैंसी दाम देकर खरीद ले जाएँ।

**प्रश्न 3. मिलान कीजिए–**

| | | |
|---|---|---|
| (क) | ढाई सौ रुपये | जहाँगीरी अंडा |
| (ख) | उसका बाप डमरू, माँ चिलम रही हो | पृथ्वी की आकर्षण शक्ति |
| (ग) | न्यूटन | झाऊलाल |
| (घ) | खतरनाक मुजरिम | आँख सेंकने के लिए |
| (ङ) | मेजर डगलस | लोटा |

**प्रश्न 4. "लोटा बिकने पर लाला झाऊलाल को तीन प्रकार से लाभ हुआ।" स्पष्ट कीजिए।**

..................................................................................................................

..................................................................................................................

..................................................................................................................

..................................................................................................................

..................................................................................................................

..................................................................................................................

..................................................................................................................

..................................................................................................................

**प्रश्न 5. क्या बिलवासी मिश्र का रुपयों का इंतज़ाम करने का तरीका उचित था? अपने विचार व्यक्त कीजिए–**

..............................................................................................................

..............................................................................................................

..............................................................................................................

..............................................................................................................

**प्रश्न 6. निम्नलिखित कथन किसने किससे कहे?**

(क) आप देने में असमर्थ हों तो मैं अपने भाई से माँग लूँ।

..............................................................................................................

(ख) अजी इस सप्ताह में ले लेना।

..............................................................................................................

(ग) आप इस शख्स को जानते हैं?

..............................................................................................................

(घ) आपके पैर में शायद कुछ चोट आ गई है।

..............................................................................................................

(ङ) नहीं, यह खतरनाक मुजरिम है।

..............................................................................................................

(च) अभी मुझे आपसे काम है दो घंटे तक।

..............................................................................................................

**प्रश्न 7. नीचे दिए गए प्रश्नों के उपयुक्त उत्तर पर (✓) का चिह्न लगाइए–**

(क) लाल झाऊलाल की पत्नी ने कितने रुपयों की माँग की?

| | | | |
|---|---|---|---|
| (*i*) पाँच सौ रुपए | ☐ | (*ii*) दस रुपए | ☐ |
| (*iii*) ढाई सौ रुपए | ☐ | (*iv*) पाँच रुपए | ☐ |

(ख) लोटा गिरने से अंग्रेज़ को कहाँ पर चोट लगी थी?

| | | | |
|---|---|---|---|
| (*i*) पैर पर | ☐ | (*ii*) हाथ पर | ☐ |
| (*iii*) मुँह पर | ☐ | (*iv*) नाक पर | ☐ |

(ग) ब्राह्मण को लोटे के बदले क्या मिला?

(i) पचास सोने के लोटे ☐ (ii) पाँच सोने के लोटे ☐

(iii) दस सोने के लोटे ☐ (iv) दो सोने के लोटे ☐

(घ) अंडा किस हाँडी में रखा रहता था?

(i) बिल्लोर की ☐ (ii) खिल्लोर की ☐

(iii) मिल्लोर की ☐ (iv) इसमें से कोई नहीं ☐

(ङ) अंग्रेज़ ने अकबरी लोटा कितने में खरीदा?

(i) पाँच रुपए ☐ (ii) पाँच सौ रुपए ☐

(iii) पाँच हजार रुपए ☐ (iv) दस रुपए ☐

## भाषा ज्ञान

**प्रश्न 8. नीचे दिए गए शब्दों के विलोम शब्द लिखिए–**

(क) असमर्थ – ........................

(ख) नौकर – ........................

(ग) आदमी – ........................

(घ) आशा – ........................

(ङ) पुराना – ........................

(च) प्रसन्नता – ........................

(छ) सज्जन – ........................

(ज) समाप्त – ........................

(झ) प्रेम – ........................

(ञ) शक्ति – ........................

**प्रश्न 9. नीचे दिए गए मुहावरों का अर्थ लिखकर वाक्य-प्रयोग कीजिए–**

(क) आँखे सेंकना

(ख) दुम दबाकर भागना

(ग) मुँह खोलना

(घ) आँखों से ओझल होना

(ङ) कान पकना

........................................................................................................................

........................................................................................................................

........................................................................................................................

........................................................................................................................

........................................................................................................................

........................................................................................................................

........................................................................................................................

........................................................................................................................

........................................................................................................................

## कुछ करने को

**प्रश्न 10. इस पाठ का सारांश अपने शब्दों में लिखिए–**

........................................................................................................................

........................................................................................................................

........................................................................................................................

........................................................................................................................

........................................................................................................................

........................................................................................................................

........................................................................................................................

........................................................................................................................

# 11

# सूर के पद

## शब्दार्थ

| शब्द | अर्थ |
|---|---|
| किती | कितनी |
| अजहूँ | आज भी |
| बल | बलराम |
| बेनी | चोटी |
| गुहत | गूँथना |
| काढ़त | बाल बनाना |
| भुइँ | भूमि |
| लोटी | लोटने लगी |
| पचि-पचि | बार-बार |
| हरि-हलधर | कृष्ण-बलराम |
| जोटी | जोड़ी |
| पैठी | घुसकर |
| सींके | छींका जिसमें दूध-दही आदि रखा जाता है। |
| गोरस | गाय के दूध से बने पदार्थ; दही, मक्खन, घी आदि। |
| ढोटा | लड़का |

## पदों से

**प्रश्न 1. नीचे दिए गए प्रश्नों के उत्तर दीजिए–**

(क) श्रीकृष्ण अपनी माँ से क्या पूछते हैं?

..................................................................................................

..................................................................................................

(ख) श्रीकृष्ण किस लिए दूध पीने को तैयार हो जाते हैं?

..................................................................................................

..................................................................................................

..................................................................................................

..................................................................................................

(ग) माता यशोदा श्रीकृष्ण को क्या खाने को देती थी और उन्हें सबसे अधिक क्या पसंद था?

..................................................................................................

..................................................................................................

..................................................................................................

(घ) गाँव की गोपियाँ माँ यशोदा को क्या उलाहना देती हैं?

..................................................................................................

..................................................................................................

..................................................................................................

..................................................................................................

..................................................................................................

(ङ) श्रीकृष्ण से माखन क्यों गिर जाता था?

..................................................................................................

..................................................................................................

..................................................................................................................

..................................................................................................................

**प्रश्न 2. नीचे दी गई पंक्तियों का आशय स्पष्ट कीजिए–**

(क) *काँचौ दूध पियावत पचि-पचि, देति न माखन-रोटी।*
*सूर चिरजीवौ दोउ भैया, हरि-हलधर की जोटी।।*

..................................................................................................................

..................................................................................................................

..................................................................................................................

..................................................................................................................

(ख) *दुपहर दिवस जानि घर सूनो ढूँढ़ि-ढँढ़ोरि आपही आयौ।*
*खोलि किवारि, पैठि मंदिर मैं, दूध-दही सब सखनि खवायौ।।*

..................................................................................................................

..................................................................................................................

..................................................................................................................

..................................................................................................................

..................................................................................................................

**प्रश्न 3. श्रीकृष्ण के अन्य चार प्रचलित नाम लिखिए–**

..................................................................................................................

..................................................................................................................

..................................................................................................................

..................................................................................................................

**प्रश्न 4. श्रीकृष्ण को माखन चोर क्यों कहा जाता था?**

..................................................................................................................

..................................................................................................................

**प्रश्न 5.** हमारी गलतियों पर माँ हमसे नाराज़ हो जाती है और डाँट भी लगाती है लेकिन फिर भी वह हमसे प्यार करती है। क्यों?

........................................................................................................................

........................................................................................................................

........................................................................................................................

........................................................................................................................

**प्रश्न 6.** 'शरारती बच्चों को दंड देना उचित है या अनुचित'–तर्क सहित उत्तर दीजिए?

........................................................................................................................

........................................................................................................................

........................................................................................................................

........................................................................................................................

........................................................................................................................

........................................................................................................................

........................................................................................................................

........................................................................................................................

........................................................................................................................

........................................................................................................................

**प्रश्न 7.** नीचे दिए गए प्रश्नों के उपयुक्त उत्तर पर (✓) का चिह्न लगाइए–

**(क)** श्रीकृष्ण की माँ उन्हें क्या खाने के लिए नहीं देती थी?

(*i*) दूध-मलाई ☐ (*ii*) कच्चा दूध ☐

(*iii*) दही-छाछ ☐ (*iv*) माखन-रोटी ☐

**(ख)** पद में श्रीकृष्ण-बलराम की जोड़ी को किस नाम से जाना जाता है?

(*i*) हरि-हलधर ☐ (*ii*) श्रीकृष्ण-बलराम ☐

(*iii*) श्याम-बलराम ☐ (*iv*) इनमें से कोई नहीं ☐

(ग) गोपियों ने यशोदा से किसकी शिकायत की?

(i) कृष्ण और बलराम दोनो की ☐ (ii) कृष्ण की ☐

(iii) बलराम की ☐ (iv) इनमें से कोई नहीं ☐

(घ) कृष्ण किस समय गोपियों के घर से मक्खन चुराते थे?

(i) सुबह ☐ (ii) शाम को ☐

(iii) दोपहर को ☐ (iv) रात को ☐

(ङ) कृष्ण गोपियों के घर से मक्खन कहाँ से चुराते थे?

(i) बड़े-बड़े मटकों से ☐ (ii) बंद डिब्बों में से ☐

(iii) रसोई घर में रखी हाँडियों से ☐ (iv) छीकें की हाँडी में से ☐

## भाषा ज्ञान

**प्रश्न 8. नीचे दिए गए शब्दों के दो-दो पर्यायवाची शब्द लिखिए–**

(क) मैया – .................... ....................

(ख) दूध – .................... ....................

(ग) भुइँ – .................... ....................

(घ) पूत – .................... ....................

(ङ) बलराम – .................... ....................

(च) दिन – .................... ....................

(छ) मंदिर – .................... ....................

(ज) सखा – .................... ....................

(झ) घर – .................... ....................

(ञ) गौ – .................... ....................

**प्रश्न 9. नीचे दिए गए शब्दों के विलोम शब्द लिखिए–**

(क) दिन – ....................

(ख) श्याम – ....................

(ग) पसंद – ....................

(घ) लंबी – ....................

(ङ) बढ़ना – ....................

(च) मोटी – ....................

(छ) हानि – ....................

## कुछ करने को

प्रश्न 10. 'श्रीकृष्ण जन्माष्टमी पर्व' श्रीकृष्ण के जन्मदिन के उपलक्ष्य में मनाया जाता है। आप यह पर्व कैसे मनाते हैं? विस्तार से लिखिए–

..........................................................................................

..........................................................................................

..........................................................................................

..........................................................................................

..........................................................................................

..........................................................................................

..........................................................................................

..........................................................................................

# 12

# पानी की कहानी

## शब्दार्थ

| शब्द | अर्थ |
|---|---|
| साँसत | अत्यधिक कष्ट |
| दीर्घजीवी | लंबी उम्रवाला |
| वार्तालाप | कथोपकथन, बातचीत |
| वर्णनातीत | जिसका वर्णन न किया जा सके |
| बहुतायत | बहुत अधिक मात्रा में |
| असह्य | सहन न करने योग्य |
| अगुवा | आगे चलने वाले नेता, मुखिया |
| स्वच्छंद | अपनी इच्छानुसार चलने वाला, मनमौजी |
| शिखर | पहाड़ की चोटी |
| सरिता | नदी |

## कहानी से

**प्रश्न 1. नीचे दिए गए प्रश्नों के उत्तर दीजिए–**

(क) बेर की झाड़ी से लेखक के हाथ पर क्या गिरा?

..........................................................................................................

..........................................................................................................

(ख) बूँद के यह कहने पर कि वह बेर के पेड़ में से आई है, लेखक ने उसे झूठा क्यों कहा?

..............................................................................................................

..............................................................................................................

(ग) बूँद को किसने पकड़ लिया और कैसे?

..............................................................................................................

..............................................................................................................

(घ) बूँद का शरीर क्रोध और घृणा से क्यों काँप उठा?

..............................................................................................................

..............................................................................................................

..............................................................................................................

..............................................................................................................

(ङ) बूँद को उड़ने की शक्ति कौन देता है और वायुमंडल में उसके लिए क्यों स्थान नहीं था?

..............................................................................................................

..............................................................................................................

(च) बूँद ने लेखक को धन्यवाद क्यों कहा और वह कब तक लेखक से रक्षा चाहती थी?

..............................................................................................................

..............................................................................................................

..............................................................................................................

..............................................................................................................

(छ) बूँद ने अपने पुरखों के क्या नाम बताए? वह किस तरह से सूर्यमंडल में विद्यमान थी?

..............................................................................................................

..............................................................................................................

..............................................................................................................

(ज) बूँद ने पृथ्वी का जन्म होना कैसे बताया था?

..................................................................................................................................

..................................................................................................................................

..................................................................................................................................

..................................................................................................................................

..................................................................................................................................

..................................................................................................................................

(झ) बूँद ने अपने बनने की प्रक्रिया क्या बताई और वह किन-किन रूपों में परिवर्तित हुई?

..................................................................................................................................

..................................................................................................................................

..................................................................................................................................

..................................................................................................................................

(ञ) बूँद ने समुद्र का भाग बनकर क्या-क्या देखा? अपने शब्दों में वर्णन कीजिए-

..................................................................................................................................

..................................................................................................................................

..................................................................................................................................

..................................................................................................................................

..................................................................................................................................

..................................................................................................................................

(ट) ज्वालामुखी के फटने का दृश्य किस प्रकार दर्शाया गया है?

..................................................................................................................................

..................................................................................................................................

..................................................................................................................................

..................................................................................................................................

**(ठ)** रेत कैसे निर्मित होती है?

..............................................................................................................

..............................................................................................................

..............................................................................................................

**(ड)** बूँद को सरिता का अंश बनने के दिन क्यों मज़े के लगते थे?

..............................................................................................................

..............................................................................................................

..............................................................................................................

**प्रश्न 2. नीचे दिए गए गद्यांश को ध्यानपूर्वक पढ़िए और पूछे गए प्रश्नों के उत्तर दीजिए–**

"अब हम शोर मचाते हुए आगे बढ़े तो एक ऐसे स्थान पर पहुँचे जहाँ ठोस वस्तु का नाम भी न था। बड़ी-बड़ी चट्टानें लाल-पीली पड़ी थीं और नाना प्रकार की धातुएँ इधर-उधर बहने को उतावली हो रही थीं।"

इसी स्थान के आस-पास एक दुर्घटना होते-होते बची। हम लोग अपनी इस खोज से इतने प्रसन्न थे कि अंधा-धुँध बिना मार्ग देखे बढ़े जाते थे। इससे अचानक एक ऐसी जगह जा पहुँचे जहाँ तापक्रम बहुत ऊँचा था। यह हमारे लिए असह्य था। हमारे अगुवा काँपे और देखते-देखते उनका शरीर ओषजन और हद्रजन में विभाजित हो गया। इस दुर्घटना से मेरे कान खड़े हो गए। मैं अपने और बुद्धिमान साथियों के साथ एक ओर निकल भागी।

**(क)** कौन शोर मचाते हुए आगे बढ़े?

..............................................................................................................

**(ख)** बड़ी-बड़ी चट्टाने कैसे पड़ी हुई थीं?

..............................................................................................................

**(ग)** धातुएँ क्या करने को उतावली हो रही थीं?

..............................................................................................................

**(घ)** अगुवा का शरीर किसमें विभाजित हो गया?

..............................................................................................................

प्रश्न 3. जल को जीवन की संज्ञा क्यों दी गई है?

..............................................................................................................................................

..............................................................................................................................................

..............................................................................................................................................

..............................................................................................................................................

..............................................................................................................................................

..............................................................................................................................................

..............................................................................................................................................

प्रश्न 4. रिक्त स्थानों की पूर्ति कीजिए–

(क) ओस की बूँद मानों .................... से हिली और बोली, "मैं ओस हूँ।"

(ख) बेर के पेड़ से क्या पानी का .................... निकलता है?

(ग) उसकी बड़ी जड़ें, छोटी जड़ें और जड़ों के रोएँ हैं। वे रोएँ बड़े .................... होते हैं।

(घ) .................... से उसका शरीर काँप उठा।

(ङ) मैं लगभग तीन दिन तक यह .................... भोगती रही।

(च) उसकी महान .................... से हमारा सूर्य काँप उठा।

(छ) हमारे अगुवा काँपे और देखते-देखते उनका शरीर .................... और .................... में विभाजित हो गया।

प्रश्न 5. मिलान कीजिए–

| | | |
|---|---|---|
| (क) | मोती-सी | क्रोध एवं घृणा |
| (ख) | पेड़ | उड़ने की शक्ति |
| (ग) | सूर्य | रेत |
| (घ) | समुद्र | बूँद |
| (ङ) | पत्थर | खारा पानी |

**प्रश्न 6. नीचे दिए गए प्रश्नों के उपयुक्त उत्तर पर (✓) का चिह्न लगाइए–**

(क) बूँद के कितने कण हो गए?

(i) पाँच ☐ (ii) तीन ☐

(iii) चार ☐ (iv) दो ☐

(ख) बूँद तीन दिन तक कहाँ फँसी रही?

(i) पेड़ में ☐ (ii) पेड़ की पत्ती में ☐

(iii) नल में ☐ (iv) धरती में ☐

(ग) बूँद के पुरखे कौन थे?

(i) समुद्र का जल ☐ (ii) हद्रजन व ओषजन ☐

(iii) हाइड्रोजन व जल ☐ (iv) नदियों का जल ☐

(घ) पहले बूँद किस रूप में धरती पर घूमती थी?

(i) बादलो के रूप में ☐

(ii) जल की तरंगों के रूप में ☐

(iii) भाप के रूप में ☐

(iv) वातावरण में नमी के रूप में ☐

(ङ) पृथ्वी के भीतर से क्या-क्या निकला?

(i) धुआँ, रेत, मिट्टी व लपटें ☐

(ii) धुआँ, रेत, लौह धातुएँ ☐

(iii) धुआँ, रेत, पानी ☐

(iv) धुआँ, रेत, पिघली धातुएँ व लपटें ☐

**प्रश्न 7. पाठ का सारांश अपने शब्दों में लिखिए–**

.....................................................................................................

.....................................................................................................

.....................................................................................................

.....................................................................................................

## भाषा ज्ञान

प्रश्न 8. पाठ में से दस योजक शब्द ढूँढ़कर लिखिए और उन शब्दों का वाक्यों में प्रयोग कीजिए–

**प्रश्न 9. नीचे दिए गए मुहावरों का अर्थ लिखकर वाक्य-प्रयोग कीजिए–**

(क) कमर कसना
(ख) किलोले करना
(ग) कान खड़े होना
(घ) खंड-खंड होना
(ङ) आँखों से ओझल होना

..........................................................................................................

..........................................................................................................

..........................................................................................................

..........................................................................................................

..........................................................................................................

..........................................................................................................

..........................................................................................................

..........................................................................................................

**प्रश्न 10. नीचे दिए गए शब्दों के तीन-तीन पर्यायवाची लिखिए–**

(क) पेड़ – .................... .................... ....................

(ख) पानी – .................... .................... ....................

(ग) भूमि – .................... .................... ....................

(घ) क्रोध – .................... .................... ....................

(ङ) आनंद – .................... .................... ....................

(च) समुद्र – .................... .................... ....................

(छ) सूर्य – .................... .................... ....................

**प्रश्न 11. नीचे दिए गए वाक्यों में रंगीन शब्दों का वचन परिवर्तन करके दोबारा लिखिए–**

(क) वहाँ पर पहाड़ी हैं, घाटी हैं।

..........................................................................................................

(ख) करोड़ जल-कण इसी भाँति अपनी जान बचाते हैं।

..........................................................................................................

(ग) मैं अपने दूसरे भाई के पीछे-पीछे चट्टान में घुस गई।

..................................................................................................................

(घ) बड़ी-बड़ी चट्टान लाल-पीली पड़ी थीं।

..................................................................................................................

(ङ) मेरा जीवन विचित्र घटना से परिपूर्ण है।

..................................................................................................................

## कुछ करने को

**प्रश्न 12. जल कौन-सी तीन अवस्थाओं में पाया जाता है? लिखिए। इनमें से कौन-सी अवस्था सबसे हल्की है? उन्हें भार के अनुसार बढ़ते क्रम में लिखिए–**

..................................................................................................................

..................................................................................................................

..................................................................................................................

..................................................................................................................

..................................................................................................................

..................................................................................................................

**प्रश्न 13. क्या आपने कभी बर्फ को पानी में डाला है? डालकर देखिए और कारण पता कीजिए कि वह पानी पर क्यों तैरती है।**

..................................................................................................................

..................................................................................................................

..................................................................................................................

..................................................................................................................

..................................................................................................................

..................................................................................................................

# 13

# बाज और साँप

## शब्दार्थ

| शब्द | अर्थ |
|---|---|
| मिलाप | मेल, भेंट |
| वियोग | विच्छेद, अलग होना |
| खोखल | खोखला स्थान |
| गँवाना | खोना, नष्ट करना |
| सिटपिटाना | स्तब्ध हो जाना |
| स्वच्छंदता | स्वतंत्रता |

## कहानी से

**प्रश्न 1. नीचे दिए गए प्रश्नों के उत्तर दीजिए–**

(क) समुद्र के किनारे ऊँचे पर्वत की अँधेरी गुफ़ा में कौन रहता था?

..........................................................................................

..........................................................................................

(ख) साँप के लिए सबसे बड़ा सुख क्या था?

..........................................................................................

..........................................................................................

.............................................................................................................................

.............................................................................................................................

(ग) घायल बाज को देखकर साँप मन-ही-मन क्यों खुश हुआ?

.............................................................................................................................

.............................................................................................................................

.............................................................................................................................

.............................................................................................................................

(घ) बाज ने साँप से ऐसा क्यों कहा कि उसे अपनी जिंदगी से कोई शिकायत नहीं है?

.............................................................................................................................

.............................................................................................................................

.............................................................................................................................

.............................................................................................................................

.............................................................................................................................

(ङ) साँप मन-ही-मन बाज को मूर्ख समझकर क्यों हँस रहा था?

.............................................................................................................................

.............................................................................................................................

.............................................................................................................................

.............................................................................................................................

(च) बाज के मुँह से एक बड़ी जोर की करुण चीख क्यों फूट पड़ी–"आह! काश मैं सिर्फ़ एक बार आकाश में उड़ पाता।"

.............................................................................................................................

.............................................................................................................................

.............................................................................................................................

.............................................................................................................................

(छ) साँप के मन में आकाश में उड़ने की इच्छा क्यों जागी?

..........................................................................................................................

..........................................................................................................................

..........................................................................................................................

..........................................................................................................................

..........................................................................................................................

(ज) समुद्र किसके लिए गीत गा रहा था और क्यों?

..........................................................................................................................

..........................................................................................................................

..........................................................................................................................

..........................................................................................................................

..........................................................................................................................

**प्रश्न 2. निम्नलिखित कथन किसने कहे–**

(क) क्यों भाई, इतनी जल्दी मरने की तैयारी कर ली?

..........................................................................................................................

(ख) आकाश की असीम ऊँचाइयों को अपने पंखों से नाप आया हूँ।

..........................................................................................................................

(ग) आह! काश मैं सिर्फ़ एक बार आकाश में उड़ पाता।

..........................................................................................................................

(घ) मुझे आकाश की स्वच्छंदता से क्या लेना-देना?

..........................................................................................................................

(ङ) शत्रुओं से लड़ते हुए तुमने अपना कीमती रक्त बहाया है।

..........................................................................................................................

**प्रश्न 3. पाठ के आधार पर रिक्त स्थानों की पूर्ति कीजिए–**

(क) एक दिन एकाएक .................... में उड़ता हुआ खून से लथपथ एक बाज .................... की उस गुफा में आ गिरा।

(ख) आकाश की असीम .................... को अपने पंखों से नाप आया हूँ।

(ग) लहरें .................... पर सिर धुनने लगीं मानो बाज की .................... पर आँसू बहा रही हों।

(घ) आकाश की असीम .................... में क्या ऐसा आकर्षण छिपा है जिसके लिए .................... ने अपने प्राण गँवा दिए?

(ङ) .................... वही है जो प्राणों की बाज़ी लगाकर ज़िंदगी के हर खतरे का .................... से सामना करे।

**प्रश्न 4. मिलान कीजिए–**

| | | |
|---|---|---|
| (क) | बाज | लहरों में गीत के स्वर |
| (ख) | लहरें | भयानक दुर्गंध |
| (ग) | आकाश की असीम शून्यता | दूध के झाग-सी सफ़ेद |
| (घ) | समुद्र | आकर्षण |
| (ङ) | गुफा | अंतिम साँसें |

**प्रश्न 5. नीचे दिए गए वाक्यों के सामने (✓) अथवा (✗) का चिह्न लगाइए–**

(क) समुद्र के किनारे एक छोटी गुफा में साँप रहता था। ☐

(ख) पर्वत की अँधेरी घाटियों में एक नदी बहती थी। ☐

(ग) एक दिन एक बाज उड़ता हुआ साँप की गुफा में उससे दोस्ती करने आया। ☐

(घ) अधमरा-सा बाज ज़ोर-ज़ोर से हाँफ रहा था। ☐

(ङ) बाज को अपने जीवन से शिकायत थी। ☐

(च) साँप ने बाज को उड़ने के लिए प्रोत्साहित किया। ☐

(छ) बाज जब उड़ा तो उड़ता ही रहा। ☐

(ज) लहरों ने बाज को अपने आप में समेटा और समुद्र की ओर ले गईं। ☐

(झ) साँप उड़ान भरने में सफल रहा।

(ञ) लहरों ने बाज की मृत्यु पर शोक गीत गुनगुनाया।

**प्रश्न 6. पाठ को ध्यानपूर्वक पढ़िए उसमें लेखक ने कई मुहावरों का प्रयोग किया है, उन्हें पहचानकर वाक्य बनाइए–**

..........................................................................................................................................

..........................................................................................................................................

..........................................................................................................................................

..........................................................................................................................................

..........................................................................................................................................

..........................................................................................................................................

..........................................................................................................................................

..........................................................................................................................................

..........................................................................................................................................

..........................................................................................................................................

**प्रश्न 7. बाज और साँप की कहानी पढ़ने के बाद आप साँप के उड़ने की कोशिश को मूर्खता कहेंगे या साहसपूर्ण। अपने विचार व्यक्त कीजिए–**

..........................................................................................................................................

..........................................................................................................................................

..........................................................................................................................................

..........................................................................................................................................

..........................................................................................................................................

..........................................................................................................................................

..........................................................................................................................................

प्रश्न 8. क्या मनुष्य को किसी कार्य में सक्षम न होने पर भी वह कार्य करना चाहिए? अपने विचार व्यक्त कीजिए–

..............................................................................................................................

..............................................................................................................................

..............................................................................................................................

..............................................................................................................................

..............................................................................................................................

..............................................................................................................................

..............................................................................................................................

..............................................................................................................................

प्रश्न 9. साहस मनुष्य को कठिन-से-कठिन परिस्थिति में भी विचलित नहीं होने देता। स्पष्ट कीजिए?

..............................................................................................................................

..............................................................................................................................

..............................................................................................................................

..............................................................................................................................

..............................................................................................................................

..............................................................................................................................

..............................................................................................................................

..............................................................................................................................

..............................................................................................................................

..............................................................................................................................

..............................................................................................................................

..............................................................................................................................

## भाषा ज्ञान

**प्रश्न 10. नीचे दिए गए मुहावरों का अर्थ लिखकर वाक्य-प्रयोग कीजिए–**

(क) प्राण गँवाना (ख) जान हथेली पर रखना

(ग) सिर धुनना (घ) मरते-मरते बचना

(ङ) डींग हाँकना

........................................................................................................

........................................................................................................

........................................................................................................

........................................................................................................

........................................................................................................

........................................................................................................

........................................................................................................

........................................................................................................

........................................................................................................

........................................................................................................

**प्रश्न 11. नीचे दिए गए शब्दों में कौन-सा प्रत्यय प्रयुक्त हुआ है? उस पर (✓) का चिह्न लगाइए–**

(क) आरामदेह

(*i*) आ ☐ (*ii*) राम ☐ (*iii*) देह ☐

(ख) सुखद

(*i*) सु ☐ (*ii*) सुख ☐ (*iii*) द ☐

(ग) सुखप्रद

(*i*) सुख ☐ (*ii*) प्रद ☐ (*iii*) सु ☐

(घ) स्वतंत्रता

(*i*) ता ☐ (*ii*) स्व ☐ (*iii*) स्वतंत्र ☐

(ङ) बलिदान

(*i*) बलि ☐ (*ii*) दान ☐ (*iii*) ब ☐

## कुछ करने को

**प्रश्न 12. जोखिम उठाना मनुष्य का स्वभाव रहा है। तभी वह अपने जीवन में बड़ी उपलब्धि हासिल कर पाता है।**

**उदाहरण के लिए–** पर्वातारोही जोखिम उठाकर ही पर्वत पर चढ़ पाते हैं।

– गोताखोर जोखिम उठाकर ही समुद्र तल की गहराई तक पहुँच पाते हैं।

**अपने जीवन की कोई ऐसी घटना जिसमें आपको जोखिम उठाना पड़ा हो, का उल्लेख कीजिए–**

.......................................................................................................

.......................................................................................................

.......................................................................................................

.......................................................................................................

.......................................................................................................

.......................................................................................................

.......................................................................................................

.......................................................................................................

.......................................................................................................

.......................................................................................................

.......................................................................................................

.......................................................................................................